ESPAGNE

QUESTION FINANCIÈRE

3 % EXTÉRIEUR

Par EUGENIO.

PERPIGNAN
IMPRIMERIE DE CHARLES LATROBE,
Rue des Trois-Rois, 1.

1877.

ESPAGNE

QUESTION FINANCIÈRE

3 % EXTÉRIEUR

Par EUGENIO.

PERPIGNAN
IMPRIMERIE DE CHARLES LATROBE,
Rue des Trois-Rois, 1.

—

1877.

ESPAGNE

Situation générale.

Dans les études que nous avons publiées en novembre dernier, nous avons prouvé que les relations de l'Espagne avec la France étaient excellentes, donné un démenti formel à certains bruits répandus par des feuilles fantaisistes, et montré la grandeur de la mission qu'accomplissaient le Roi et ses Ministres, dont le programme politique est bien clair, bien net, bien défini. Par l'examen des questions financières et économiques, où les chiffres parlaient leur éloquent langage, le lecteur a pu se convaincre de la richesse agricole, commerciale et industrielle, de l'ordre apporté dans les finances, de l'impulsion donnée à l'agriculture, au commerce, à l'industrie, de l'énergique répression de la contrebande, des réformes du régime administratif. Nous fîmes entrevoir la solution des difficultés existant dans les Provinces Basques et la Navarre, la fin prochaine de la guerre de Cuba, l'entente avec le Vatican sur le point d'être complète. De nombreux et bien précieux témoignages de sympathie nous ont été donnés par le public et par les plus hautes sommités du monde officiel Espagnol.

Notre mot d'ordre était alors : « Courage et Confiance. » Il est le même aujourd'hui. L'espérance que nous avons est plus grande que jamais. Nous pouvons affirmer notre conviction avec énergie. Grâce à la lecture des journaux de la Péninsule, à des voyages fréquents, à l'examen des discussions des Chambres, aux discours des Ministres, aux conversations avec un représentant de l'Espagne, homme d'un commerce agréable et d'un grand mérite, nous pouvons certifier que la situation s'améliore tous les jours. L'impulsion fut vigoureuse, elle devait être féconde ; le mouvement en avant est très marqué ; le progrès a lieu sans discontinuer, peu à peu, mais sûrement. Le réveil a été magnifique et a constaté que la vitalité de ce noble pays est prodigieuse. La reconstitution sera très rapide et les heureux résultats s'en font déjà sentir au grand profit de l'Etat et à la satisfaction du pays.

Notre rôle a été de nous opposer, et nous pouvons être fier de l'avoir fait victorieusement, à ceux qui criaient gare, à ceux dont les manœuvres déloyales, ou la petite guerre de plume, pouvaient jeter le trouble dans les esprits.

Question Financière.

Dette extérieure 3 %.

Le terrain ainsi déblayé, les lignes précédentes servant en quelque sorte de préface, nous aborderons aujourd'hui une question spéciale, celle qui domine toutes les autres, la question financière, en nous renfermant dans l'étude de la dette extérieure 3 %, pour répondre ainsi aux nombreuses demandes de renseignements qui ont été adressées et dont les réponses sont impatiemment attendues.

Exposé sommaire de la dette extérieure.

Nos lecteurs en jetant un regard sur le passé connaîtront l'enchaînement des faits qui ont eu pour conséquences l'état de chose actuel, et qui ont mis les finances de l'Espagne dans la situation où elles se trouvent aujourd'hui. Ce fut en 1807 que l'Espagne fit le premier emprunt à l'Etranger, à Amsterdam, par Hope ; puis vinrent en 1820 les emprunts dits des Cortès, placés en France et en Angleterre, en 1823 l'Emprunt Guebhard, émis en France, en 1824 l'Emprunt Aguado, tous compris dans la fameuse conversion particulière de 1834 et dans la conversion générale de 1851, suivies elles-mêmes de l'accord de 1867 ; en 1868 un Emprunt de 100 millions fut négocié par M. de Rotschild, en 1869 un autre de 250 millions par la Banque de Paris. Depuis cette époque les agissements du gouvernement Espagnol pour se procurer des fonds à l'Étranger sont trop connus pour que nous en parlions.

Autrefois on avait accordé une certaine préférence aux Emprunts contractés à l'Intérieur. Le gouvernement de Sa Majesté Alphonse XII, renonçant à ces errements, a mis les deux Emprunts sur un pied d'égalité que l'on peut dire absolue. C'était justice. Mais les embarras pour le règlement de l'une et de l'autre catégorie de la dette étaient grands : accumulation des déficits antérieurs, révolution, guerre civile, administration vicieuse, guerre ou révolte dans les colonies, sources des recettes ordinaires du Trésor presque taries, tout contribuait à la perturbation. A force d'activité, d'intelligence, de loyauté, les obstacles les plus grands ont été renversés; pour sortir de la situation critique où l'avaient plongé les événements antérieurs, le gouvernement Espagnol a dû prendre des mesures énergiques, attaquer de front les difficultés les plus graves. Il a taillé dans le vif, et les engagements qu'il a pris ont été proportionnés à ses forces. De là est venu le règlement général de sa dette, onéreux pendant quelque temps pour les acheteurs de la première heure, avantageux pour les autres, mais dans tous les cas indispensable. Les quatre documents officiels que l'on trouvera plus loin et qui émanent de la Commission des Finances d'Espagne à Paris, et de la Chambre syndicale des Agents de Change de Paris, éclaireront les créanciers du 3 % Extérieur, et leur indiqueront ce qu'ils ont à faire en vue du réglement de leurs coupons.

Coupons du 30 juin et du 31 décembre 1873 et du 30 juin 1874.

On se souvient qu'en juillet 1875 parut un avis de la Commission financière de Londres relatif à ces coupons. Ils furent réglés par la remise aux créanciers de 70 % de leur montant en Rente Extérieure 3 % à 40 %, et les 30 % restant furent convertis en certificats de Pagarès représentant les Pagarès de la Compagnie de Rio Tinto déposés à la Banque d'Angleterre. Quelques porteurs au lieu de faire l'échange vendirent leurs coupons à des spéculateurs, aux prix de 2 fr. 60, 2 fr. 40 et plus tard 2 francs la piastre, comptée au change fixe de 5 fr. 40.

Loi de juillet 1876.

Il restait donc le 1er janvier 1877, attachés au titre et en souffrance, les coupons de décembre 1874, de juin et décembre 1875, de juin et décembre 1876. — En juillet 1876 le Congrès espagnol vota le projet de loi présenté par M. Salaverria, alors ministre des finances, et dont voici le résumé : A partir du 1er janvier 1877 et pendant 5 ans, il sera payé un coupon annuel de 1 %, c'est-à-dire que le revenu est réduit à 1/3. A partir de 1882, le Gouvernement espagnol promet de porter la somme payée à 1 1/4 % au minimum. En 1882, il s'entendra avec les créanciers ayant la dette consolidée, pour améliorer graduellement leur position. Quant aux coupons arriérés de 1871 à 1876, le montant en sera payé en nouveaux titres productifs d'un intérêt de 2 % à dater du 1er janvier 1877 et amortissables en 15 ans au moyen de tirages à 50 % de leur valeur nominale.

C'était alors des promesses : voici les documents officiels qui leur donnent un commencement d'exécution ; car pour le Gouvernement actuel promettre et tenir sont un.

Commission générale des Finances d'Espagne (1er avis).

En exécution de l'article 1er de la loi du 20 juillet, qui a réduit temporairement de 2/3 les intérêts de la dette publique d'Espagne, le Gouvernement espagnol a décidé le paiement de la moitié du Coupon de la Rente extérieure à échoir le 30 juin prochain, soit 1/4 sur l'intérêt annuel de 1 % ; l'autre moitié, c'est-à-dire l'autre 1/4, devant être payé en juillet 1877.

En conséquence, les bordereaux pour la présentation des coupons seront distribués dans les bureaux de cette Commission, rue de la Tour des Dames, 5, à partir du 2 janvier prochain.

On annoncera prochainement la date à laquelle on commencera à recevoir le coupon de la dette intérieure à échoir le

1er juillet 1877, ainsi que les coupons des dettes extérieure et intérieure des cinq semestres précédents.

Paris le 31 décembre 1876.

Le Vice-Président,

J. Del Peral.

Commission générale des Finances d'Espagne (2e avis).

D'après l'article 2 de la loi du 21 juillet 1876, le montant effectif des cinq coupons de la dette 3 % consolidée extérieure d'Espagne, des semestres échus les 31 décembre 1874, 30 juin et 31 décembre 1875, 30 juin et 31 décembre 1876, doit être réglé au moyen d'une émission de nouveaux titres au porteur pour toute leur valeur nominale, rapportant 2 % d'intérêt par an à compter de 1877 et amortissables en 15 ans à raison de 50 % par voie de tirages semestriels.

En vertu des ordres du Gouvernement espagnol pour l'exécution de la loi, le public est informé que les coupons sus-mentionnés seront reçus tous les mardis et samedis, de 10 heures à 3 heures, à partir du 20 courant, dans les bureaux de cette Commission, 5, rue de la Tour des Dames, par lesquels seront délivrés les bordereaux de présentation.

Déclaration faite au timbre sous le n° 1: 133

Paris, le 10 janvier 1877.

Le Vice-Président,

J. Del Peral.

La Chambre Syndicale des Agents de Change publie l'avis suivant.

(1er Avis).

Par suite des avis publiés par la Commission des finances d'Espagne à Paris, les 31 décembre 1876 et 10 janvier 1877, relativement au règlement des Coupons de la dette extérieure d'Espagne, la Chambre syndicale a décidé :

Qu'à partir de demain, 17 janvier, présent mois, les titres de la dette extérieure d'Espagne se négocieront sous les deux rubriques suivantes :

Extérieur. — Jouissance, janvier 1873
Jouissance, juillet 1877.

Aucun changement n'est apporté à la cote de la dette intérieure.

2e Avis.

La Chambre syndicale des Agents de change publie l'avis suivant :

A partir de demain, 24 janvier, présent mois :

1° Les titres de la dette d'Espagne extérieure 3 %, quel qu'en soit le millésime, se négocieront sous la seule rubrique suivante :

« Extérieur 3 %. Jouissance, juillet 1877. »

2° Seront admis aux négociations de la Bourse, au comptant seulement, les bons délivrés par la Commission des Finances d'Espagne en représentation du montant des coupons arriérés à convertir en titres nouveaux 2 %, créés en vertu de la loi du 21 juillet 1876.

Pendant que la consécration de la Bourse était donnée aux mesures prises par le Gouvernement espagnol, pendant qu'une certaine réparation se faisait ainsi autour de la corbeille des Agents de change, les valeurs espagnoles reprenaient faveur à la coulisse, et en Banque les négociations se faisaient déjà depuis le 16 janvier sur l'extérieur, coupons détachés. La bourse de Londres mettait sa cote au niveau de celle de Paris.

Renseignements supplémentaires. — Achats de Coupons.

Plusieurs maisons ont envoyé des circulaires ou inséré dans les journaux des annonces pour faire savoir qu'elles achetaient les coupons arriérés à raison de 2 fr. 20 à 2 fr. 25 la piastre pour les trois coupons de juin 1873 à juin 1874, de 1 fr. 15 à 1 fr. 20 la piastre au change fixé de 5 fr. 40 pour les cinq coupons de décembre 1874 à décembre 1876, et de 1 fr. 60 la piastre pour le coupon de juin 1877. Il est indispensable de porter à la connaissance des intéressés que la Commission des finances d'Espagne ou autrement dit le Gouvernement Espagnol n'est en rien ni pour rien dans ces sortes d'affaires. C'est à ceux qui adoptent ce mode de règlement à bien peser les avantages ou les inconvénients de ce moyen, et à se bien renseigner sur l'honorabilité des maisons avec lesquelles ils traitent.

Nous croyons devoir ajouter un renseignement utile: chacun sait que les titres de Rente extérieure sont divisés en coupures de 6, 12, 24, etc. piastres, soit 32 fr. 40, 64 fr. 80, 129 fr. 60, etc. de rente, et portant les lettres de série A, B, C, etc. Or dans la série B, titres de 12 piastres, ou 64 fr. 80, il existe des titres, émission autorisée par la loi du 23 février 1855, impression noire, qui ne sont munis que des coupons jusqu'au 30 juin 1876 et par conséquent avec lesquels on ne peut pas être réglé des coupons suivants. Ces titres seront régularisés par la Commission des finances d'Espagne.

Conclusion.

D'après ce qui précède les porteurs de 3 % extérieur ont la certitude de toucher de suite une partie, et, dans un temps plus ou moins rapproché, la totalité de leurs revenus. Tout milite en faveur de la progression des cours, et partant de la plus value du capital. C'est une vraie régénération des finances qui s'opère, grâce à la ferme volonté du Roi et aux efforts persévérants de ses Ministres. Nous ne cesserons de le répéter : à moins d'événements graves, sous le poids desquels Dieu, d'où dépend le sort des nations, n'accablera pas l'Espagne, si ferme dans ses croyances religieuses, l'Espagne verra sa prospérité s'accroître. Aux cours actuels de 12 à 14 francs, les acquéreurs de rentes ont un revenu sûr de 8 à 8 1/4, avec la perspective d'une plus value des titres, et si, comme c'est probable, le Gouvernement paye à un moment donné les 3 %, la rente achetée de 12 à 14 fr. rapporterait 25 %.

Nous avons exposé les faits et en avons déduit les conséquences. Trop heureux si nous avons pu faire partager à quelques-uns de nos lecteurs notre foi inébranlable dans l'avenir de ce grand pays !

EUGENIO.

www.ingramcontent.com/pod-product-compliance
Lightning Source LLC
LaVergne TN
LVHW010259230826
846091LV00007B/3057

* 9 7 8 2 0 1 3 2 8 2 1 5 4 *